CATALOGUE

DE

514 ÉTOILES DOUBLES ET MULTIPLES

DÉCOUVERTES

SUR L'HÉMISPHÈRE CÉLESTE BORÉAL

PAR

LA GRANDE LUNETTE

DE

L'OBSERVATOIRE CENTRAL DE POULKOVA

ET

CATALOGUE

DE

256 ÉTOILES DOUBLES PRINCIPALES

OÙ LA DISTANCE DES COMPOSANTES EST

DE 32 SECONDES À 2 MINUTES

ET QUI SE TROUVENT

SUR L'HÉMISPHÈRE BORÉAL.

PUBLIÉ PAR L'ACADÉMIE IMPÉRIALE DES SCIENCES.

St.-Pétersbourg.

1843.

A Son Excellence

MONSIEUR D'OUVAROFF

PRÉSIDENT DE L'ACADÉMIE DES SCIENCES

ETC.   ETC.   ETC

HOMMAGE OFFERT

LE 12 JANVIER 1843

AU NOM DES ASTRONOMES

DE

L'OBSERVATOIRE CENTRAL DE POULKOVA

PAR

LE DIRECTEUR, W. STRUVE.

INTRODUCTION.

Dans la publication ci - jointe je présente aux astronomes *deux catalogues d'étoiles doubles et multiples*, qui sont le fruit d'un travail vaste, exécuté à l'observatoire central de *Poulkova*, à l'aide du plus bel instrument qu'il possède.

Parmi les travaux importants à exécuter dans l'observatoire, la confection d'un nouveau catalogue d'étoiles fixes devait occuper une place principale. La position boréale de Poulkova, sous le 60me degré de latitude, nous engageait à une certaine restriction du catalogue, par rapport à l'étendue sur le globe céleste, et d'en fixer les limites au pôle septentrional et à 15 degrés de déclinaison australe. Mais sur cet espace il fallait aspirer à produire un catalogue aussi complet que possible, jusqu'à une certaine limite de la grandeur apparente des étoiles. Il devait donc contenir toutes les étoiles inclusivement jusqu'à la septième grandeur. Pour être à même d'observer toutes ces étoiles au moyen de l'instrument méridien de Repsold, qui en doit donner les positions exactes par des observations réitérées, il fallait en avoir une liste préalable et qui contînt les positions approximatives. Mais d'où prendre cette liste? Tous les catalogues des étoiles fixes et même les cartes célestes les plus exactes, celles de Harding, sont incomplets pour les grandeurs 6 et 7, et ce n'est que depuis peu que M. Argelander a achevé la liste des étoiles visibles à l'oeil nu, c. a. d. jusqu'à la sixième grandeur inclusivement, d'après un examen fait sur la voûte céleste. Cette liste s'étend du pôle visible jusqu'à environ 30° de déclinaison australe et donne les positions approchées des étoiles pour l'époque de 1840.

Pour les étoiles de la 7me grandeur il fallait recourir au ciel. C'est ce que nous avons fait pour l'hémisphère boréal, en y employant le grand télescope, fait par MM. Merz et Mahler à Munich, qui est parallactiquement monté, et dont l'objectif a une ouverture de 14,93 pouces anglais. Cet instrument, par ses dimensions colossales, admettait la coopération de plusieurs personnes, sans qu'elles se gênassant réciproquement, et la grandeur des deux cercles divisés offrait une facilité dans la lecture des divisions, qui était impossible pour un instrument de petite dimension. Mais il y avait encore une autre raison qui nous engageait à employer le dit instrument pour le travail indiqué. La recherche des étoiles à déterminer se fait à l'aide du chercheur. Il suffisait de placer l'étoile sur la ligne de collimation, donnée par le milieu d'un petit carré formé par l'intersection de deux paires de fils parallèles, pour en déterminer la position avec une exactitude convenable. Or, si ces positions avaient été le seul but du travail, nous n'aurions eu aucune raison d'employer le grand télescope lui-même. Mais en plaçant l'étoile à l'aide du chercheur au milieu du champ du grand télescope, nous avions l'occasion d'en examiner la nature, c. a. d. de voir si elle était étoile simple ou multiple. Il fallait espérer que les dimensions plus grandes de l'instrument de Poulkova pourraient faire reconnaître plusieurs systèmes stellaires, ou très resserrés, ou à satellites très faibles, et qui m'avaient échappé dans la recherche antérieure.

La révision de l'hémisphère boréal commença le 26 août 1841 et fut terminée le 7 décembre 1842. Dans cet intervalle on a travaillé pendant 109 nuits, sans compter une bonne douzaine de nuits, dans lesquelles le travail commencé n'eut point de résultat, à cause d'un changement rapide dans l'état de l'atmosphère. Comme la surface de l'hémisphère est égale à 20626,5 degrés carrés, la valeur moyenne de l'espace examiné dans le courant d'une nuit égale 189,23 degrés carrés, ce qui fait aux environs de l'équateur une bande de 4^0 en déclinaison et de $47^0,3$ ou de 3 heures 10 minutes en ascension droite. Dans cette évaluation nous n'avons pas tenu compte de ce que l'on dépassait les bornes des bandes célestes dans les deux sens, pour être sûrs, de ne pas manquer les étoiles qui se trouvent aux extrémités des bandes. L'hémisphère, pour l'exécution du travail, fut divisé en 22 zones, dont 21 étaient de 4^0 de déclinaison, depuis l'équateur jusqu'à 84^0, et la dernière de 6^0 de large, entre 84^0 et le pôle. Le travail d'une nuit offrit une ou plusieurs bandes, et toutes les bandes réunies devaient couvrir l'hémisphère total. La limitation des zones à 4^0 en déclinaison n'est point arbitraire. Elle était indiquée par deux considérations. Dans les zones voisines de l'équateur, il était essentiel de faire l'observation le plus près possible du méridien, pour avoir les images des étoiles les plus avantageuses. Il fallait donc choisir telle étendue des zones, que la recherche et l'examen de toutes les étoiles des grandeurs proposées pût s'effectuer, sans changer considérablement l'angle horaire du télescope. L'expérience fit observer, qu'avec la dite étendue de 4^0 en déclinaison, même dans les régions voisines de la voie lactée et de l'équateur, qui sont le plus remplies d'étoiles, l'angle horaire de l'instrument n'avance pas à l'Ouest pendant le travail. Dans les grandes déclinaisons, il y avait un mouvement continuel de l'instrument à l'Est, à peu près proportionel à l'excès de la sécante de déclinaison sur l'unité, et qui aurait pu être évité, en prenant p. e. à 60^0 de déclinaison une zone de 8^0 de large. Mais une telle zone plus large aurait produit un double inconvénient. Il aurait fallu des changements continuels et trop considérables dans la position du corps, pour suivre le mouvement du grand télescope par 8 degrés de déclinaison. Puis, dans les zones plus larges, le danger de passer des étoiles augmente évidemment. Le travail de la révision exigeait la coopération de quatre individus. Le premier était occupé à choisir les étoiles par le chercheur, et à les placer et examiner au centre du grand télescope. Il indiquait le moment du passage par le centre au secrétaire qui en notait la seconde sur l'horloge. Un second astronome faisait immédiatement après la lecture du cercle horaire, un troisième celle du cercle de déclinaison. Tous les deux dictaient les chiffres au secrétaire. Le troisième avait en même temps à soigner, que le télescope ne dépassât pas les limites indiquées des zones, et pour ce but il annonçait à haute voix les retours à faire dans le mouvement de l'instrument en déclinaison. La dictée des deux finie, le premier des astronomes, dictait encore la grandeur de l'étoile et, dans le cas où elle était double, il ajoutait une description succincte, qui donnait les grandeurs et la distance des centres estimée en secondes.

Durant le premier mois du travail, et pour le mettre dans un train régulier, j'occupais la place principale au chercheur et au grand télescope. Plus tard, étant engagé par les observations du premier vertical, je cedai cette place à mon fils, Othon Struve, qui continua la direction du travail à cette place jusqu'à l'achèvement, à l'exception de quelques nuits, dans lesquelles j'ai été son remplaçant. Dans le commencement nous avions très souvent travaillé ensemble, pour nous accoutumer à une taxation uniforme et égale des grandeurs des étoiles, et pour nous exercer à reconnaître les systèmes stellaires les plus resserrés, par un jugement combiné. Aussi sommes-nous parvenus à une taxation presque absolument égale de l'éclat des étoiles, et quant aux étoiles doubles, le catalogue ci-joint prouve le mieux ce que nous avons atteint à l'aide de ce télescope puissant. M. G. de Fuss était le second astronome, qui se voua entièrement et avec une ardeur infatigable à notre travail, en se chargeant principalement de la lecture assez pénible du cercle horaire. M. de Schidloffsky de Kharkoff a fait la plupart des lectures au cercle de déclinaison, avec le zèle qui caractérise ce jeune savant. En quelques occasions ces deux charges, ainsi que celle du secrétaire, furent occupées par différents individus, et le nombre total des coopérateurs monte en tout à quatorze.

La réduction des observations aux positions moyennes pour 1840,0 a été exécutée d'après la méthode suivante. Comme l'instrument était très exactement rectifié dans tous les sens, et comme l'horloge marquait de très près le temps sidéral, il est clair qu'en soustrayant les angles horaires des temps du passage, on avait la valeur approchée des ascensions droites, ainsi que le cercle de déclinaison avait donné directement les déclinaisons apparentes des étoiles. Dans chaque bande il y avait d'ailleurs un nombre d'étoiles dont les positions pour 1830 se trouvent dans le catalogue de la société astronomique de Londres. Ces positions, après avoir été réduites, pour l'effet de la précession, à 1840,0, furent comparées aux positions approximatives, tant en ascension droite qu'en déclinaison, et donnèrent, pour chaque bande, des corrections moyennes à appliquer, dans les deux sens, aux positions approximatives, pour en tirer, par un calcul tout-à-fait simple, les positions moyennes. Cette méthode de réduction est sans doute suffisante pour le but proposé, et en même temps la plus expéditive, et ce n'est que pour les zones les plus boréales, qu'il fallait introduire des corrections variables d'après les angles horaires et les déclinaisons.

Pour pouvoir porter un jugement fondé sur l'exactitude des positions pour 1840,0 ainsi trouvées, nous n'avons qu'à comparer entre elles les différentes valeurs de la correction, qui ont été offertes par plusieurs étoiles connues dans la même bande. A cet effet j'ai examiné deux bandes, assez riches, prises au hasard, une aux environs de l'équateur, et l'autre d'une déclinaison considérable.

Première bande. 1841, *Août* 30. Entre $+ 16^0$ et $+ 20^0$ de déclinaison et depuis $19^h 51'$ jusqu'à $22^h 53'$ en ascension droite, donc d'une étendue de $3^h 2'$. Cette bande fut travaillée en $2^h 30'$. Elle contient 164 positions pour 151 étoiles diffé·

rentes, dont 10 sont doubles, anciennement connues, et 2 étoiles doubles nouvelles Parmi les 151 étoiles il y en a 12 qui sont du catalogue anglais. Elles donnent les corrections moyennes en AR $= - 46'',9$, en Décl. $= - 2',0$. Les valeurs isolées et comparées aux deux moyennes, donnent pour chaque étoile l'erreur
probable en AR. $= 1'',00$ en temps, et $0',21$ en Décl.

Seconde bande. 1841, *Sept.* 27. Entre $+ 56^0$ et $+ 60^0$ de déclinaison, depuis 13^h
$38'$ jusqu'à $19^h 38'$ en ascension droite. Cette bande, de 6 heures d'étendue, n'exigea
que $2^h 20'$ de travail. Elle offrit 160 positions pour 153 étoiles différentes, dont
9 sont doubles anciennes, et 3 nouvelles. Les 8 étoiles du catalogue anglais ont
donné les corrections moyennes en AR. $= - 58'',0$, en Décl. $= - 0',9$; et les
erreurs probables d'une position isolée $2'',35$ et $0',37$. L'erreur probable en
temps, pour l'équateur, se réduit à $2'',35$ cos. $58^0 = 1'',25$.

D'après ces essais, il me paraît certain que les erreurs probables des positions réduites
à 1840,0 n'excèdent pas $2''$ sec δ et $0',5$; et cette exactitude est plus que suffisante pour
le but proposé.

Le calcul des réductions a été fait par M. O. Struve. En même temps il a reconnu
toutes les étoiles qui se trouvent à différentes reprises dans chaque bande. Il lui reste
encore à faire l'examen des étoiles sur les limites boréales et australes des zones, et dans
les réunions des différentes bandes de la même zone, afin que chaque étoile n'entre dans
le catalogue qu'une seule fois Puis, il faudra comparer le catalogue entier, pour la no-
menclature des étoiles, avec le catalogue de Piazzi et surtout avec le manuscrit de M.
Argelander. Avec cela, le catalogue préalable, arrangé d'après les ascensions droites
dans 22 zones, sera achevé dans la rédaction. Je ne sais pas, s'il y a quelque intérêt à
ce que ce catalogue soit publié. J'en doute même, parce qu'il n'est que préliminaire et
qu'il sera remplacé, avec le temps, par le catalogue des positions exactes. Il suffit donc
ici de dire, que sur l'hémisphère boréal le nombre des étoiles des grandeurs apparentes
1 à 7, telles que nous les avons estimées, s'élève au delà de 17000, ce qui donne environ 17 étoiles sur 20 degrés carrés.

M. Argelander a trouvé sur l'hémisphère boréal à-peu-près 2350 étoiles visibles à
l'oeil nu, ou des grandeurs 1 à 6. Les mêmes classes nous ont fourni, dans la révision,

3400 étoiles, nombre plus fort en proportion de $2:3$. La différence des nombres s'explique par la différence dans la force des yeux, car aussi de notre côté, les étoiles jusqu'à la sixième grandeur ont été classifiées d'après l'aspect à l'oeil nu. Mais notre nombre est parfaitement d'accord avec les cartes de Harding, qui présentent sur l'hémisphère 3422 étoiles de ces classes. Dans l'introduction du catalogue de 1827, j'ai indiqué une certaine loi qui, d'après les cartes de Harding, se manifeste dans le nombre des étoiles, c'est qu'il se triple à-peu-près pour les classes successives. Cette loi donne, si S est le nombre réuni des étoiles dans les classes 1 à n, pour la classe $n+1$ le nombre $= 2\,S + 1$. A partir donc des 3400 étoiles, réunies dans nos 6 premières classes, il fallait s'attendre à environ 7000 étoiles de septième grandeur. Mais nous avons trouvé le nombre presque double de près de 14000. Ce fait prouve ou que la loi indiquée n'est pas conforme au ciel dans les classes inférieures à la sixième, ou que nous avons trop reculé la limite extérieure dans la classe des étoiles de 7me grandeur. Pour juger de cette alternative et pour d'autres raisons, il vaut mieux construire, d'après notre catalogue, une carte céleste sur une échelle convenable, et comparer le catalogue à l'aide de la carte et d'un petit chercheur encore une fois au ciel. C'est ainsi que nous pourrons reconnaître les étoiles apparemment trop faibles mais reçues dans le catalogue, afin de les rejeter, et que nous serons à même de faire rentrer dans le catalogue le peu d'étoiles assez brillantes qui ont été passées dans notre travail. Nous gagnerons par cette voie pour notre révision de l'hémisphère le plus haut degré possible d'exactitude et d'uniformité.

J'ai encore à rendre compte des motifs pour lesquels la révision du ciel n'a pas été continuée au moins jusqu'à 15° au Sud de l'équateur. Voici les raisons. Dans les zones qui sont au delà de l'équateur, il y avait très peu de vraisemblance à découvrir par notre télescope de nouvelles étoiles doubles, vu que l'efficacité de l'instrument y est affaiblie par la petite élévation des astres sur l'horizon. Mais, sans cela, la zone depuis $+ 15°$ à $- 15°$ de déclinaison est déjà l'objet d'un travail astrographique particulier et très précieux, entrepris sous la direction de l'Académie de Berlin. La partie boréale nous servira à un nouvel examen de notre catalogue, et la partie australe nous dispensera de la recherche des étoiles de septième grandeur entre l'équateur et $- 15°$, qui doivent entrer dans le catalogue des positions exactes.

VII

Je viens maintenant à l'objet principal de cette publication, le catalogue des 514 étoiles doubles de l'hémisphère boréal découvertes à Poulkova. Pour l'examen des étoiles nous nous sommes servis constamment d'un seul grossissement de 412 fois, qui est plus du double du grossissement $=$ 198 fois, que j'avais employé à Dorpat pour la confection du catalogue de 1827. C'est sans doute à ce grossissement plus considérable et à la force optique plus puissante de l'objectif de Poulkova, combinés avec la vue perçante et l'exercice assidu du jeune astronome qui a fait l'examen des étoiles, que nous devons la moisson, non seulement riche, mais, j'ose le dire, tout-à-fait inattendue, de nouveaux systèmes stellaires. Il faut se rappeler ici que l'examen se terminait aux étoiles de 7me grandeur, et que les étoiles d'un éclat moindre n'ont été examinées qu'exceptionnellement. Mais, dans l'observation même, il était très difficile de juger la limite de la 7me grandeur, et, pour ne pas négliger des étoiles appartenant effectivement à cette classe, un nombre assez considérable d'étoiles de la grandeur 7.8 ont été examinées, et sont entrées, en cas qu'elles furent reconnues composées, dans le catalogue des doubles, qui sans cela devait déjà contenir cette grandeur pour l'étoile principale, chaque fois qu'une étoile de septième grandeur se divise en deux étoiles des grandeurs 7.8 et 7.8 ou 7.8 et 8. Le nombre total des étoiles doubles et multiples de l'hémisphère boréal, et dans lesquelles les étoiles principales sont au moins des grandeurs 7 et 7.8, monte, d'après notre révision, à environ 1600. De ce nombre nous avons retranché sur le champ tous les systèmes plus distants que 16″, dans lesquels le satellite était au-dessous de la grandeur 8.9. Le reste a été comparé le plus scrupuleusement possible avec le *Catalogus novus* de 1827 et avec les *Mensurae micrometricae*, et c'est ainsi que nous avons reconnu les 514 étoiles doubles nouvellement découvertes, qui forment le catalogue ci-joint.

L'arrangement du catalogue imprimé s'explique facilement.

La première colonne contient les numéros consécutifs.

La seconde colonne donne les noms des étoiles d'après Bayer, Flamsteed et Piazzi.

On y trouve aussi quelques citations du catalogue de Dorpat de 1827. Le numéro 5 p. e. est nommé *Str. 26 rejecta*, ce qui veut dire, que c'est l'étoile 26 du catalogue de 1827, mais qui a été rejetée pour les mesures micrométriques comme insignifiante. Elle est entrée dans le nouveau catalogue, parce que l'étoile principale est reconnue elle-même composée de deux étoiles très resserrées des grandeurs 7 et 8.

Les colonnes 3 et 4 donnent les positions moyennes des étoiles pour l'époque 1840,0.

Les colonnes 5 et 6 donnent les descriptions succinctes des étoiles composées. Pour plus d'uniformité, nous avons conservé ici la terminologie latine, telle qu'elle a été employée dans le catalogue de 1827. Les distances entre les deux étoiles composantes, estimées en secondes, se trouvent dans la sixième colonne. Les chiffres romains IV, V, VI indiquent les classes d'après Herschel père, pour les distances respectives de 16″ à 32″, de 32″ à 1′, et de 1′ à 2′. Dans les systèmes resserrés, il y a pour les distances au-dessous d'une seconde les épithètes connues: *vicinissimae*, *oblonga*, etc. cas, où à côté de ces épithètes on trouve le mot *fortasse*, il y a un doute sur la réalité de la composition. Ces doutes proviennent ou de l'état défavorable de l'air, ou d'une proximité trop étroite des étoiles pour le grossissement employé. Ces doutes ne pourront être éclaircis, que par un nouvel examen à l'occasion des mesures micrométriques et à l'aide des grossissements les plus forts et employés dans un état de l'atmosphère très favorable. Nous pouvons déjà augurer ici que la plupart de ces étoiles sont effectivement doubles. Du moins des observations réitérées ont toujours constaté la duplicité. En cas de doute plus grave, un signe d'interrogation a été ajouté, ou dans cette colonne, ou dans la sixième. Mais, même parmi les étoiles notées comme douteuses, il y a eu déjà de constatées par une répétition des observations. La cinquième colonne donne enfin encore un renseignement aux catalogues de Sir J. Herschel publiés depuis 1823 jusqu'en 1830. Ces catalogues contiennent 1937 étoiles doubles, mais, pour la plupart, composées d'étoiles trop faibles ou trop distantes entre elles pour les limites que nous avions à garder. Aussi il n'y a que 18 de nos étoiles nouvelles qui soient déjà consignées dans les catalogues de Sir J. Herschel, et dont voici la liste d'après les numéros du nouveau catalogue.

2	101	277	389	467	480
16	179	304	407	478	489
54	212	377	433	479	496

Mais six de ces étoiles ont été vues doubles par nous dans un sens plus restreint, savoir :

$$2 \qquad 407$$
$$277 \qquad 489$$
$$377 \qquad 496$$

Les grandeurs que nous avons assignées aux étoiles, exigent encore un examen. Dans toutes les recherches relatives à la distribution des étoiles sur la voûte céleste, et aux changements dans l'éclat, le vague dans les grandeurs présente un obstacle particulier. Les grandeurs, que l'on assigne aux étoiles, sont basées sur une estime incertaine, et l'échelle en est personnelle pour chaque astronome. Dans cet état, tout astronome doit tâcher de garder au moins une certaine uniformité des grandeurs dans ses différents travaux et de suivre une échelle déjà reçue dans d'autres travaux importants, s'il y en a. L'atlas des cartes célestes de Harding est distingué par l'exactitude ou plutôt l'uniformité dans les grandeurs indiquées des étoiles. Depuis long-temps, dans mes travaux, je m'étais empressé de régler ma notation des grandeurs, jusqu'aux étoiles de septième grandeur, d'après l'échelle de Harding. Aussi ai-je montré dans l'introduction du *Catalogus novus* de 1827, page XXXVI, l'identité presque absolue de mes grandeurs, jusqu'à la 7me, avec l'échelle de Harding. Dans les *Mensurae micrometricae* les grandeurs 1 à 6 sont encore les mêmes que celles de Harding, voyez p. LXXI; et, pour les étoiles télescopiques, j'ai adopté une division semblable en 6 classes depuis la 7me grandeur jusqu'à la 12me, d'une manière analogue aux étoiles visibles à l'oeil nu. Ici les étoiles de 12me grandeur sont à la limite extérieure de visibilité pour l'objectif de Dorpat, de 9,6 pouces anglais d'ouverture, comme celles de 6me grandeur sont les dernières visibles à la vue simple. Il faut examiner à présent quelle est la relation des grandeurs assignées aux étoiles dans le nouveau catalogue de 1843 avec celles des *Mensurae micrometricae*. J'ai déjà dit plus haut que pendant le premier mois de la révision, nous avons observé ensemble au chercheur et au télescope, mon fils et moi. L'identité du jugement des grandeurs était un des buts de cette réunion. Mais pour nous régler dans les grandeurs absolues, nous avions la coutume de consulter de temps en temps le catalogue de 1827 et les *Mensurae micrometricae*. Il y a maintenant un moyen bien sûr pour comparer les grandeurs dans le nouveau catalogue de 1843 avec celles des *Mensurae micrometricae*, dans le grand nombre d'étoiles doubles, qui se trouvent simultanément et dans la révision totale et dans les *Mensurae* etc. J'ai employé pour cette recherche 633 étoiles principales et satellites, dont les grandeurs ont été comparées d'après les deux travaux. Voici le résultat de cette comparaison. En désignant les grandeurs des *Mensurae micrometricae* par Σ, et celles de la révision par $O.\Sigma$, comme la plupart en sont dues à mon fils, la comparaison totale donne, par 633 étoiles, l'équation moyenne :

$$O\Sigma = \Sigma + 0,103 \quad \text{avec l'erreur probable } 0,015.$$

Cela veut dire que les grandeurs $O\Sigma$ et Σ sont identiques, à un dixième près de l'unité de l'échelle, et que, p. e. une étoile de cinquième grandeur ou $= 5,0$, dans le catalogue de 1843, est $= 5,1$ d'après les *Mensurae micrometricae*. Pour les différentes classes des grandeurs, il se présente le tableau suivant :

Grandeurs $O\Sigma$	$O\Sigma - \Sigma =$	Nombre des étoiles.	Erreur probable en $O\Sigma - \Sigma$.
3,0	+ 0,38	13	0,10
4,0	+ 0,16	28	0,07
5,0	0,00	31	0,06
6,0	— 0,07	77	0,04
7,0	+ 0.08	199	0,02
8,0	+ 0,26	128	0,03
9,0	+ 0,03	92	0,04
10,0	+ 0,01	49	0,05
11,0	— 0,04	16	0,09.

Les petites valeurs $O\Sigma - \Sigma = + 0,38$ et $+ 0,16$, pour les étoiles des grandeurs 3 et 4 sont insignifiantes et proviennent peut-être du petit nombre d'étoiles comparées. Dans les autres classes, il y a une harmonie presque parfaite, à l'exception des étoiles de 8me grandeur, qui offrent par $O\Sigma - \Sigma = + 0,26$ une différence réelle, mais seulement d'un quart de l'unité. Nous voyons enfin que, pour les étoiles les plus faibles, dans les grandeurs 9 à 11, les différences sont plus petites que les erreurs probables. Nous en déduisons que pour les étoiles les plus faibles, le catalogue de 1843 est basé sur l'échelle de l'instrument de Dorpat, laquelle place la 12me grandeur à la limite de la visibilité dans cet instrument. Cette limite, vu la dimension de l'objectif plus grande en proportion de 14:9, doit reculer, pour le grand télescope de Poulkova, jusqu'à la grandeur de 12,86. Voyez *Mensurae* p. LXIX. Enfin la comparaison nous montre que l'erreur probable d'une grandeur, telle qu'elle est donnée dans le catalogue de 1843, monte à 0,31 de l'unité de l'échelle

Après avoir établi ainsi l'identité dans la notation des grandeurs pour le catalogue de 1843 et les *Mensurae micrometricae*, nous sommes en état de faire une comparaison valable de la nouvelle révision avec les travaux antérieurs relatifs aux étoiles doubles et multiples. De cette comparaison il faut exclure tous les systèmes stellaires dans lesquels l'étoile principale est inférieure à la grandeur 7.8, parce qu'il n'en a été question, dans la révision, qu'accidentellement. Puis, il est nécessaire de retrancher les étoiles doubles de la quatrième classe selon Herschel père, dont les distances sont de 16″ à 32″. Dans cette classe le nombre des systèmes stellaires à petits satellites étant trop grand, elle est incomplète dans les deux catalogues de 1827 et de 1843. La comparaison à faire, s'étend donc aux étoiles doubles et multiples jusqu'à 16″ de distance et dont la limite inférieure de l'éclat dans l'étoile principale est aux grandeurs 7 et 7.8.

Nous parvenons premièrement à un résultat intéressant, qui concerne la question : à quel point les deux travaux, celui de 1827 et celui de 1843, sont complets dans les sens relatifs. Nous avons déjà dit qu'un grand nombre d'étoiles doubles se trouvent communément dans le catalogue de 1827 et dans la nouvelle révision, et que le nombre total des étoiles composées que le dernier travail a offertes, monte à environ 1600. En retranchant les étoiles trop petites, au-dessous de la grandeur 7.8 et les trop distantes, au-delà de 16″, par les raisons exposées plus haut, il reste 1114 étoiles doubles, qui forment le résultat total de la révision entre les limites préscrites. Les *Mensurae micrometricae* contiennent 654 étoiles doubles de la même espèce, Toutes ces étoiles devaient se trouver dans la révision, si celle-ci était absolument complète. Effectivement, la révision en offre 651, et il n'y en a que trois que nous ayons manquées, savoir :

Str.   48 d'après les *Mens. micr.* (7,0) (7,2), distance $= 6''$

»   54 » » » » (6,2) (7,7), » $= 2$

» 2498 » » » » (7,2) (7,8), » $= 12$

Voilà une preuve incontestable du soin scrupuleux qui **a** été mis dans la révision des étoiles jusqu'à la septième grandeur, et qui paraît dépasser toute attente. L'absence de trois étoiles sur 654 donne un manque de moins de demi pour cent et qui produit, sur environ 17000 étoiles jusqu'à la 7me grandeur sur l'hémisphère, 80 étoiles que nous avons passées. Mais des 651 étoiles, il y en a seulement 644 qui aient été reconnues doubles, comme elles se trouvent dans les *Mensurae*. Dans 7 étoiles, quoique effectivement doubles antérieurement, nous n'avons pas vu les satellites. En voici la liste:

Str. 2199. (7,2).(7,8) distance $= 1'',7$. Il est très probable que cette étoile a changé depuis 1832. Dans l'état antérieur de l'écart, les deux étoiles auraient dû être reconnues au premier coup-d'oeil.

Str. 2310. (7,0).10,3) distance $= 5''$

Str. 2590. (7,1).(10,1) distance $= 14''$

Str 2579 $=$ d'Cygni. (3,0).(7,9) distance $= 1,8$. Il y a quelque apparence que le satellite change d'éclat, et c'est ou par cette raison ou par l'état défavorable de l'atmosphère qu'a été manquée la petite étoile qui du reste se voit facilement, dans des instruments même considérablement inférieurs au nôtre.

Str. 2653. (7,0) (10,1) distance $= 2''5$

Str. 2830. (7,2) (11,2)   » $= 2,8$

Str. 3123. (7,0) (7,0) *oblonga*. Actuellement cette étoile est effectivement simple, comme des observations réitérées avec les grossissements les plus forts l'ont fait voir. Aussi les observations de 1832 et 1836 avaient-elles déjà indiqué le rétrécissement des deux étoiles.

A l'exception des trois étoiles notées, il n'en reste que 4, qui auraient dû être vues doubles, et dont nous avons manqué les satellites, qui du reste sont tous très faibles. Deux de ces satellites ont été manqués dans la première nuit de notre travail, probablement par manque d'exercice; les deux autres dans une nuit, d'ailleurs très favorable pour les observations, mais qui avait un ciel de temps en temps couvert par de légers nuages.

Un résultat analogue se présente pour le catalogue de 1827, par rapport à l'intégrité du nombre des étoiles qu'il contient, entre les limites indiquées. La révision actuelle a offert 462 étoiles doubles nouvelles, avec les mêmes limitations des écarts et des grandeurs. Lesquelles de ces nouvelles étoiles doubles auraient dû se trouver dans le catalogue de 1827, et n'y sont pas? En voici la liste:

Numéro.	Description.			Numéro.	Description.		
11.	(7.8)	(7.8)	4″	263.	(7.8)	(8)	2″
23.	(7)	(7.8)	15″	346.	(7.8)	(8)	3″
58.	(7)	(7)	10″	388.	(7.8)	(7.8)	3″
59.	(7.8)	(8)	2″	414.	(6.7)	(7.8)	10″
84.	(7)	(8)	10″	416.	(7.8)	(8)	7″
174.	(6.7)	(8)	2″	431.	(7.8)	(7.8)	6″
179.	(4)	(8)	6″	443.	(7.8)	(7.8)	6″
195.	(7)	(7.8)	4″	451.	(7.8)	(8.9)	3″
221.	(7)	(7.8)	12″	455.	(7)	(8.9)	8″
257.	(7.8)	(8)	8″	494.	(7.8)	(8)	3″

Le nombre de 20 étoiles qui manquent sur 654 qui s'y trouvent, donne une défectuosité de trois pour cent, et qui nous fait apprécier le degré d'exactitude dans les révisions qui ont mené à la confection du catalogue de 1827. Il n'y a point de doute, qu'un nombre très considérable des autres étoiles doubles, découvertes à Poulkova, ne puissent être reconnues dans l'instrument de Dorpat, et dans d'autres de dimension semblable, par l'emploi de grossissements forts. Une partie en aurait pu se trouver dans l'ancien catalogue, par des circonstances favorables. Mais il n'est question ici que des étoiles, que je n'aurais nullement dû manquer dans le travail antérieur, exécuté avec un grossissement seulement de 198 fois. Nous tirons donc la conclusion, que la révision de Poulkova, dans ses limites rétrécies, a été bien plus soignée, que celle de Dorpat, prise entre les mêmes limites, et abstraction faite de la différence des deux instruments employés par rapport à l'efficacité optique. Mais il faut se rappeler, que la révision de Dorpat avait une étendue beaucoup plus large, vu qu'elle embrassait environ 120000 étoiles, jusqu'à la grandeur 8.9, et que ce fut un seul individu qui l'exécuta.

XIV

Essayons enfin de comparer la nouvelle moisson aux étoiles doubles antérieurement publiées dans les deux catalogues de 1820 et de 1827. Mon catalogue de 1820 contient tous les systèmes stellaires composés, qui étaient connus à cette époque. La plupart de ces étoiles avaient été découvertes par W. Herschel de 1779 à 1782. En y ajoutant plusieurs étoiles doubles qui se trouvent dans une liste publiée par le même astronome, en 1821, dans les Mémoires de la Société astronomique, il y a en tout sur l'hémisphère boréal, pour les limites indiquées plus haut, 183 systèmes composés, découverts par cet illustre astronome, et que j'appelle étoiles doubles de W. Herschel. Mon catalogue de 1827 présente 654 étoiles composées, des mêmes espèces, ou il ajoute aux étoiles antérieurement connues encore 471 nouvelles que j'appelle étoiles de W. Struve. Notre révision actuelle, entre les mêmes limites, donne enfin une accession de 463 étoiles, que j'appelle étoiles d'O. Struve. On voit donc que le surcroît offert par le nouveau travail, relativement au catalogue de 1827, est le même que le nombre des étoiles doubles, que ce catalogue avait ajoutées à celles de W. Herschel. Mais ce surcroît se présente encore sous un point de vue tout-à-fait particulier, quand on sépare les étoiles doubles d'après les différents ordres, I à VI, des écarts, et qu'on les subdivise en luisantes, *lucidae*, qui sont les systèmes où le satellite n'est pas au dessous de la grandeur 8.9, et en *reliquae*, qui sont les étoiles accompagnées de satellites faibles. Voici le tableau comparatif d'après ses divisions:

Distances.	Ordres.	Etoiles doubles de W. Herschel		Surcroît par W. Struve		Surcroît par O. Struve	
		lucidae.	reliquae.	lucidae.	reliquae.	lucidae.	reliquae.
0″ à 1″	I.	9	0	35	3	146	22
1 à 2	II.	19	1	62	20	18	64
2 à 4	III.	39	6	53	75	8	46
4 à 8	IV.	38	11	40	72	5	36
8 à 12	V.	19	12	21	54	4	85
12 à 16	VI.	22	7	15	21	1	28
	Somme	183		471		463	

✦ XV ✦

L'addition donne $183 + 471 + 463 = 1117$, et c'est le nombre total des étoiles doubles et multiples de l'hémisphère, depuis 0 à 16″ de distance angulaire, et pour les grandeurs 1 à 7 de l'étoile principale, qui sont consignées dans les deux catalogues de 1827 et 1843. Dans les différents ordres, mais en rejetant la sousdivision par rapport à l'éclat du satellite, nous avons les nombres suivants:

Ordres . . Distances =	I. 0″ à 1″	II. 1″ à 2″	III. 2″ à 4″	IV. 4″ à 8″	V. 8″ à 12″	VI. 12″ à 16″	Somme
Étoiles de W. Herschel .	9	20	45	49	31	29	183
Surcroît par W. Struve .	38	82	128	112	75	36	471
Surcroît par O. Struve . .	168	82	54	41	89	29	463
Somme . .	215	184	227	202	195	94	1117

La somme des étoiles doubles du premier ordre, depuis 0 à 1″ de distance angulaire, est donc presque quintuplée par l'accession du nouveau travail, et ce surcroît tombe principalement sur les systèmes stellaires, dans lesquels sont réunies deux étoiles de grandeur à peu près égale; fait très remarquable, et qui nous dévoile une caractéristique principale des étoiles binaires. Et c'est encore dans ces systèmes les plus resserrés qu'il faut s'attendre aux mouvements les plus rapides dans l'orbite. Pour les autres ordres de distance angulaire, le surcroît tombe de préférence dans la classe des *reliquae*, c. à. d. sur les systèmes qui présentent des satellites faibles à côté des étoiles principales.

J'ajoute encore une remarque essentielle pour obvier à un reproche d'inexactitude. Dans la comparaison, que je viens de faire, je n'ai point retranché les étoiles qui ne sont que soupçonnées doubles. C'est parce que les recherches ultérieures, faites jusqu'à présent sur plusieurs d'entre elles, ont toujours constaté la duplicité. Il me paraît cependant certain, que quelques unes de ces étoiles seront à rejeter comme simples. Mais, en compensation, je suis persuadé, que nous pourrons ajouter au moins autant d'étoiles doubles, en répétant la révision dans quelques bandes, qui ont été examinées par un état atmosphérique défavorable. Ces bandes sont notées dans le journal.

—❖— XVI —❖—

Il fallait s'attendre, à ce que plusieurs étoiles, connues antérieurement comme binaires, seraient séparées en groupes ternaires. Effectivement, il y en a 15, dont voici la liste:

Numéros.	Noms des étoiles.	Description.	
2	h. 1007	(7) (7) et (9)	0″,7 et 16″
38	γ Andromedae	(2.3) (4). Minor ex vicinissimis.	
116	Str. 785	(7.8) (8) et (11)	12″ et 12″
166	Str. 1037	(7) (7) et (11)	1″ et 15″
277	Str. 1812 $= h$. 541	(7.8) (7.8) et (9)	0″,5 et 12″
365	Str. 3130	(7) (7) et (9.10)	0″,5 et 3″
377	h. 1421	(8) (8) et (9)	1″ et Cl. IV.
392	Str. 2607	(7) (10). Major ex vicinissimis.	
398	Str. 2630	(7) (9)	0″,8
403	Str. 2657	(7) (7) et (9)	0″,7 et 12″
407	Str. 2690 $= h$. 1521	(8) (8) et (7)	0″,7 et 12″
413	λ. Cygni $=$ H. VI. 32	(5.6) (5.6)	0″,6
484	Str. 2966	(7) certe oblonga	
489	π. Cephei $=$ h. 1852	(5) (8.9)	1″,5
496	h. 1886	(7) (8 9) et (5)	0″,7 et Cl. VI.

Dans les numéros **116** et **166** c'est une étoile très faible qui à été ajoutée. Dans les 13 autres une séparation d'étoiles très resserrées est survenue. Dans les numéros 398, 413, 484 et 489 les troisièmes étoiles, anciennement connues, n'ont pas été notées, parce qu'elles étaient insignifiantes et à une distance angulaire trop considérable.

Le nombre total des étoiles multiples, dans le nouveau catalogue, s'élève à 39. Il y a 16 étoiles triples dans un sens restreint, qui limite la distance à 16″ pour les deux satellites, et qui sont:

2	116	365	392
6	166	380	403
38	276	388	407
94	277	390	510

Les autres 23 sont multiples dans un sens plus étendu, et dont voici la liste:

7	77	190	412
10	118	201	433
24	137	268	447
28	147	355	496
30	168	372	507
57	173	377	

Enfin il me sera permis de diriger l'attention des astronomes sur les systèmes qui me paraissent les plus beaux et les plus intéressants parmi nos découvertes:

12. λ Cassiopeiae	312. η Draconis
20. 66 Piscium	342. 72 S² Ophiuchi
38. γ Andromedae	353. φ Draconis
98. 14 i Orionis	380. χ Aquilae
175. Anonyma	395. 16 Vulpeculae
208. φ Ursae maj.	413. λ Cygni
215. P. X. 23.	489. π Cephei
235. Anonyma	508. 6 Cassiopeiae

Il me reste encore à dire quelques mots sur le *second catalogue*, qui contient les étoiles doubles des classes V et VI, d'après W. Herschel, ou de 32″ à 2′ de distance angulaire, que nous avons rencontrées sur l'hémisphère boréal, mais en rétrécissant l'éclat des satellites jusqu'à la 8ᵐᵉ grandeur. Sans cette restriction, le nombre des groupes binaires dans ces classes serait immense; et déjà dans la quatrième classe, d'après W. Herschel, qui embrasse les systèmes depuis 16″ à 32″ de distance, il paraît convenable de limiter la classe au même degré d'éclat pour le satellite. Après l'avoir fait, nous trouvons, selon les *Mensurae*, 91 étoiles doubles, *lucidae*, dans cette classe, et 17 groupes semblables dans le catalogue de 1843. Le nombre total s'élève donc maintenant à 108, et je crois qu'il est à peu près complet.

✥ XVIII ✥

Le second catalogue donne sur l'hémisphère 256 groupes binaires de la même espèce, c'est à dire avec des satellites au moins de 8ᵐᵉ grandeur, et dont 111 sont de la cinquième classe, dans les écarts depuis 32″ à 1′, 145 de la sixième entre 1′ et 2′ de distance. Du nombre total il y en a 90 qui étaient antérieurement consignés, et 161 sont survenus. Néanmoins je suis convaincu, que ce nombre est bien loin d'être complet pour les groupes avec des satellites de 8ᵐᵉ grandeur. D'un autre côté, pour les systèmes où les satellites ne sont point inférieurs à la 7ᵐᵉ grandeur, le catalogue est à peu près exact. Comme il y a des indices assez graves, que même dans les distances angulaires jusqu'à deux minutes, il existe encore des groupes binaires réunis par une attraction mutuelle, il me paraît assez important que le second catalogue soit complété avec le temps, ce qui pourra se faire à l'aide d'un chercheur parallactiquement monté et pourvu de cercles divisés.

Le nombre des étoiles dans un tel catalogue complet, comparé aux chiffres que nous offrent les autres classes de distance, dans la même espèce, quant à l'éclat, se prêtera alors à une application fructueuse du calcul des probabilités, qui pourra mener à l'évaluation ultérieure des nombres relatifs des étoiles doubles *optiques* et *physiques*. Mais cette application est tout-à-fait illusoire, tant qu'elle n'est point basée sur des données exactes; car elle exige, que les chiffres présentent effectivement le complet des groupes binaires, dans les différentes classes de distance.

Observatoire central de Poulkova, le **1** Janvier **1845**.

W. Struve.

CATALOGUE

DE

514 ÉTOILES DOUBLES ET MULTIPLES.

✦ 1 ✦

Numéros	Noms des étoiles	ÆR	Décl.	Description	Distance estimée en secondes
		pour	1840		
1		0^h 3′ 29″	+ 65° 14′	(7) (9)	1,2
2		5 9	26 6	(7) (7) et (9) = h. 1007	0,7 et 16
3		6 25	35 43	(7) (9)	2
4		8 22	35 34	(7) (7.8)	0,8
5	26 Andromedae	10 22	42 54	(7) (10)	8
6	Str. 26 rejecta	12 35	66 7	(7) (8) et (9)	0,8 et 15
7		12 47	65 35	(8.9) (9) et (7.8)	0,4? et Cl. V
8	44 t Piscium	17 12	1 5	(6) (9)	1
9		17 34	55 54	(7) (10)	1,3
10		19 10	15 9	(6) (8.9) Minor fortasse duplex ex vicinissimis	Cl. VI
11		22 11	31 14	(7.8) (7.8)	4
12	λ Cassiopeiae	22 58	53 38	(6) (6) in contactu	
13		23 19	36 3	(7) (10.11)	8
14	P. O. 103	24 23	27 24	(6) 11)	10
15		27 5	48 8	(7.8) (7.8)	0,5?
16		30 21	48 29	(6) (10) = h. 1041	10
17		31 2	35 53	(7) (9.10)	8
18		34 6	3 18	(7) (9)	0,8
19		35 9	36 41	(7) (10)	12
20	66 Piscium	46 6	18 19	(6) (7)	0,5
21		53 52	46 31	(7) (8.9)	0,7
22		58 51	10 41	(7) (11)	7
23		1 0 41	50 54	(7) (7.8)	15
24		1 12	50 9	(8) (9.10) et (7)	10 et Cl. VI
25	82 G. Piscium	2 23	30 35	(5) (10)	2,5?

Numéros	Noms des étoiles	Æ	Décl.	Description	Distance estimée en secondes
		pour	1840		
26	34 Ceti	1^h 4′ 5″	+ 29° 13′	(6.7) (10.11)	12
27	35 Ceti	4 20	1 38	(6.7) (9)	1
28		4 35	80 3	(7) (8) et (6.7)	0,5 et Cl. VI
29		9 43	39 7	(7) (11)·	15
30		16 40	30 44	(7.8) (11) et (7.8)	4 et Cl. V
31	P. I. 107	24 54	7 23	(6.7) (11)	3
32		26 20	84 24	(7.8) (10.11).	10
33		26 55	57 50	(7) (8)	20
34		32 20	80 6	(7.8) (7.8)	0,5
35		33 28	55 5	(6.7) (9)	8
36		44 0	3 52	(7) (10)	15
37		50 41	80 44	(7) (9)	1
38	γ Androm. = Str. 105	54 2	41 33	(2.3) (4). Minor ipsa duplex ex vicinissimis	12
39		2 6 26	79 2	(7) oblonga	
40		11 58	37 46	(7.8) oblonga	
41	P. II. 89	18 48	29 7	(7) (8.9)	1,5
42	P. II. 100	22 20	51 36	(7) oblonga?	
43		31 20	25 56	(7) fortasse oblonga?	
44		32 1	42 0	(8) (8) in acervo	1,5
45		32 34	4 10	(7) (9)	1,2
46		40 23	27 50	(7) (10)	4
47	41 c Arietis	40 36	26 36	(4.5) (11)	16
48		42 23	47 55	(6.7) (10.11)	4
49	P. II 230	51 35	17 22	(7) (9.10)	1
50		56 54	70 56	(7.8) (8)	0,9

Numéros	Noms des étoiles	ÆR	Décl.	Description	Distance estimée en secondes
		pour	1840		
51		3^h 2′ 13″	+ 43° 41′	(8) (8)	1,5
52	P. III. 1	3 39	65 3	(6.7) (7)	0,5
53		7 20	38 2	(7.8) (7.8)	0,7
54		17 6	67 2	(7.8) (8.9) = h. 1135	Cl. IV
55		18 18	46 23	(6) (10)	16
56	P. III. 66	20 16	47 19	(7) (9)	12
57		24 0	22 50	(7.8) (11) et (7)	12 et Cl. VI
58		25 13	19 50	(7) (7)	10
59		29 33	45 30	(7.8) (8)	2
60		29 37	24 10	(7) fortasse oblonga	
61		34 12	7 23	(7) fortasse oblonga	
62		34 39	64 15	(8) (8)	0,4
63		36 32	50 14	(6.7) (11)	6
64	P. III. 165	40 27	23 22	(7) (10)	10
65	P. III. 170	40 43	25 5	(6.7) (6.7)	0,8
66		41 13	40 18	(7.8) (8)	0,5
67	Camelopardali 9 Hev.	43 37	60 37	(5.6) (8.9)	1,5
68		48 8	47 41	(7.8) (8.9)	Cl. IV
69		49 4	38 21	(6.7) (10)	1
70	P. III. 220	52 59	9 33	(6) (12)	10
71		56 44	33 0	(7) (8.9)	0,8
72	P. III. 249	58 48	16 55	(6.7) (12)	3
73	μ Persei	4 3 12	48 0	(4.5) (12)	12
74		3 31	9 14	(7) cuneus	
75		4 56	60 5	(7.8) (7.8)	0,5

Numéros	Noms des étoiles	Æ	Décl.	Description	Distance estimée en secondes
		pour	1840		
76		4^h 5′ 45″	+ 34° 28′	(7.8) (12)	2
77		5 46	31 15	(7.8) (7.8) et (8)	0,4 et Cl. V
78		5 59	29 36	(7) (9.10)	2
79	55 Tauri	10 40	16 8	(7) certe oblonga	
80	P. IV. 46	12 32	42 2	(6.7) (6.7)	0,8
81	56 Persei	14 14	33 35	(6) (9.10)	4
82		14 37	14 40	(7) (9)	0,8
83		20 25	32 5	(6.7) certe oblonga	
84		22 34	6 27	(7) (8)	10
85		25 14	48 4	(7.8) (9)	0,6
86		27 9	19 26	(7.8) (7.8)	0,8
87		27 28	7 54	(7) (10)	6
88		42 49	61 29	(6.7) (9)	0,7
89	P. IV. 207	44 31	73 50	(6.7) certe oblonga	
90		46 13	8 20	(7) (9.10)	1,5
91		47 49	2 56	(7) (8)	1
92	5 Aurigae	49 21	39 9	(6) (10)	1,5
93		51 58	4 51	(7.8) (8)	0,8
94		55 5	50 4	(7) (9.10) et (10)	12 et 16
95	P. IV. 288	56 3	19 34	(6.7) (7)	0,5
96		56 50	48 54	(6.7) (11)	12
97		56 53	22 52	(6.7) oblonga	
98	14 i Orionis	59 10	8 17	(6) (7)	0,8
99	15 γ^2 Orionis	5 0 32	15 21	(5) fortasse oblonga ?	
100		1 19	7 58	(7) (10)	4

* 5 *

Numéros	Noms des étoiles	ÆR pour	Décl. 1840	Description	Distance estimée en secondes
101		5^h 1′ 54″	+ 46° 47′	(7.8) (10) = h. 693	6
102		7 16	0 23	(6) oblonga ex aequalibus	
103	16 Aurigae	7 39	33 10	(5) (11)	4
104		11 13	46 51	(7) (10.11)	10
105		12 43	12 31	(7.8) (7.8)	0,5
106		13 40	5 14	(7) (10)	8
107	115 Tauri	17 49	17 50	(7) (10.11)	8
108		20 0	18 14	(6.7) (10.11)	3
109		23 16	71 32	(7.8) (9)	12
110	38 Orionis	25 51	3 40	(6) oblonga?	
111		26 23	10 8	(6) (10)	2
112		28 55	37 51	(7.8) (8)	0,5
113		30 51	12 56	(7) (10)	10
114		32 3	16 8	(7) (9.10)	2
115		35 21	15 0	(7) (7.8)	0,8
116	Str. 785	36 3	25 52	(7.8) (8) et (11)	12 et 12
117		37 52	30 29	(7) (10)	12
118	P. V. 222	38 49	20 49	(7) (8) et (7.8)	0,5 et Cl. V
119		39 14	7 55	(7.8) (7.8)	0,5
120		42 39	53 25	(7.8) (8.9)	Cl. IV
121		44 42	74 1	(8) (8)	0,4
122		44 59	36 55	(7.8) certe oblonga	
123		45 19	10 12	(7) (9)	1 5
124		49 51	12 48	(6) cuneus, interdum fortasse disjunctae	
125		50 1	22 28	(7) (8.9)	1

Numéros	Noms des étoiles	ÆR	Décl.	Description	Distance estimée en secondes
		pour	1840		
126		5^h 50′ 3″	+ 17° 47′	(7) (9)	10
127		51 0	38 43	(7) (11)	0,8
128	35 Camelopardali	51 45	51 35	(6.7) (8.9)	Cl. IV
129		56 9	29 32	(6) (11)	10
130		56 22	42 41	(7) oblonga	
131		56 37	36 16	(7.8) (10)	1,5
132		57 16	37 59	(7.8) (10)	1,5
133		58 25	21 19	(7) (10)	3
134		59 28	24 28	(7) (8)	Cl. IV
135		6 6 18	2 21	(7) fortasse oblonga	
136		10 0	70 37	(6) (10.11)	8
137	P. IV. 62	11 41	21 12	(8) (10) et (7)	12 et Cl. V
138		13 27	27 12	(7) (10)	1?
139		15 54	22 32	(7) (9)	0,8
140		17 25	15 37	(7) (9)	1,5
141		20 42	18 0	(7.8) (9)	2
142		21 20	7 13	(7) (10)	10
143		21 53	17 2	(6.7) (9.10)	6
144		22 59	3 2	(7) (10.11)	12
145		23 6	15 50	(7) (9.10)	1,5
146		23 24	11 47	(6) (8.9)	Cl. IV.
147		23 26	38 12	(6.7) (8) et (8.9) fort. oblonga	Cl. V et Cl. V
148		24 20	37 11	(7) (9.10)	1,5
149		26 28	27 25	(6.7) (8.9)	0,6
150		27 56	42 9	(7) fortasse oblonga	

Numéros	Noms des étoiles	ÆR pour 1840	Décl. pour 1840	Description	Distance estimée en secondes
151		6ʰ 28′ 53″	+ 27° 56′	(7) (8.9)	Cl. IV.
152	54 Aurigae	29 28	28 24	(6) (8)	0,8
153		32 16	25 37	(7) (9.10)	12
154		33 3	40 48	(7) (8.9)	Cl. IV
155		35 38	24 51	(7) (9)	10
156		38 2	18 22	(6.7) certe oblonga	
157		39 30	0 31	(7) fortasse oblonga	
158		40 48	51 43	(7) (10.11)	15
159	15 Lyncis	43 25	58 37	(5) fortasse oblonga	
160		44 51	21 21	(6.7) (10)	1?
161		45 24	21 46	(7) (10)	12
162	41 Geminorum	50 38	16 10	(7) (10)	12
163		52 19	12 1	(7.8) (8)	0,6
164		56 24	25 6	(6.7) (10)	12
165	45 o Geminorum	59 15	16 11	(5.6) (10)	3
166	Str. 1037	7 2 48	27 30	(7) (7) et (11)	1 ot 15
167		3 8	32 25	(7) (9.10)	6
168		3 17	21 37	(7.8) (10.11) et (9)	12 et 32
169	24 Monocerotis	7 3	0 7	(7) oblonga	
170	P. VII. 52	8 52	9 35	(7.8) (7.8)	0,8
171		16 28	31 36	(7) (10)	0,8
172		18 58	35 8	(7) (11)	12
173		24 6	33 29	(7) (10) et (9)	15 et Cl. V.
174		24 38	43 23	(6.7) (8)	2
175		24 57	31 17	(6) (6.7)	0,6

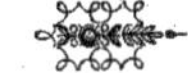

8

Numéros	Noms des étoiles	ÆR	Décl	Description	Distance estimée en secondes
		pour 1840			
176		7^h 30′ 18″	+ 0° 52′	(7.8) (9.10)	1
177		31 20	37 49	(7.8) (8.9)	0,5
178	P. VII. 155	33 17	80 15	(6.7) (9)	1,5
179	ϰ Geminorum	34 47	24 47	(4) (8) = h. 427.	6
180		34 58	59 29	(7) (10)	12
181		35 24	34 57	(7.8) (11.12)	8
182		44 19	3 48	(7) (7)	1
183		44 51	16 26	(7) (11)	12
184		47 40	65 18	(7) (10.11)	10
185		49 0	1 33	(6.7) oblonga ex aequalibus	
186		53 34	26 43	(7) (7.8)	0,6
187		54 0	33 27	(7) (7) interdum disjunctae	
188		8 2 39	75 19	(6.7) (11)	10
189		3 45	43 32	(6.7) (10)	3
190		9 25	47 53	(7.8) (8.9) et (7.8)	Cl. IV et Cl. VI
191		15 33	20 39	(7) (8.9)	Cl. IV
192		18 2	75 16	(6) (10.11)	1,5?
193		18 4	34 4	(7) (11)	10
194		40 8	1 9	(7) (10)	12
195	P. VII. 200	45 23	9 1	(7) (7.8)	4
196	ι Ursae maj.	48 11	48 40	(3) (10)	10
197		9 1 11	3 35	(7) (8.9)	1
198		6 53	24 4	(7) (11)	10
199	37 Lyncis	9 35	51 55	(7) (10.11)	4
200		13 49	52 15	(6.7) (8.9)	1,5

Numéros	Noms des étoiles	ÆR	Décl.	Description	Distance estimée en secondes
		pour	1840		
201		$9^h 14' 27''$	$+ 28° 35'$	(7) (8.9) et (10)	0,8 et 20
202		15 38	30 14	(7) (10)	12
203		20 54	67 30	(8) (8)	8
204		30 9	11 29	(6) (10)	6
205		32 33	41 42	(7.8) (11)	10
206		33 29	17 48	(7) (10)	12
207		41 5	17 35	(7) (10)	12
208	φ Ursae maj.	41 10	54 49	(5) (5)	0,5
209		42 37	51 22	(7) (10)	3
210		52 31	47 8	(7.8) (7.8)	1
211		56 18	31 34	(7) (8)	0,8
212		10 3 12	20 54	(7) (10) = h. 476	15
213		4 4	28 13	(7) (8.9)	0,8
214		6 21	86 55	(7.8) (10)	12
215	P. X. 23	7 32	18 32	(6.7) (7) vix disjunctae	
216		14 7	16 9	(7) (10)	1,5
217		18 13	18 2	(7) (7)	0,4
218		19 15	4 22	(7.8) (9)	0,6
219		20 3	51 48	(7) (10.11)	10
220	P. X. 85	20 43	10 58	(7) (8)	1,2
221		25 11	22 51	(7) (7.8)	12
222		27 53	60 58	(6) (10.11)	3
223		28 48	41 16	(7) (10)	12
224	P. X. 128	31 18	9 41	(7) oblonga	
225		31 22	20 4	(7) (9)	10

Numéros	Noms des étoiles	Æ	Décl.	Description	Distance estimée en secondes
		pour	1840		
226		$10^h 31' 26''$	$+ 42° 21'$	(7) (10)	15
227		33 15	11 34	(7.8) (8)	0,5
228		38 35	23 25	(7) oblonga?	
229		40 47	41 57	(6.7) (7)	0,8
230		45 56	21 37	(7.8) (11)	6
231		11 2 31	31 19	(7) (8.9)	Cl. IV
232	P. XI. 14	6 15	38 27	(7) (7.8)	0,7
233		8 54	67 34	(7) (10)	6
234		22 8	42 11	(7) certe oblonga ex aequal.	
235		23 10	61 58	(6) (6)	0,6
236		26 59	67 14	(7) (11)	2,5
237		30 23	42 2	(7.8) (8.9)	0,6
238		32 43	87 54	(7.8) (9)	12
239	P. XI. 149	35 54	26 6	(6.7) (8)	30
240		45 13	43 49	(7) (10)	8
241		47 59	36 19	(6.7) (8.9)	1,5
242		51 32	71 32	(8) (8)	20
243		51 33	54 19	(7.8) (8)	0,8
244		57 21	53 46	(7) (9)	2,5
245		12 9 26	29 49	(6) (10)	6
246		10 28	69 42	(7.8) fortasse oblonga	
247		14 11	4 11	(7) oblonga?	
248		16 0	6 51	(7) fortasse oblonga	
249		16 4	55 3	(7.8) (7.8)	0,5
250		16 26	43 59	(7.8) (7.8)	0,5

Numéros	Noms des étoiles	ÆR pour	Décl. 1840	Description	Distance estimée en secondes
251		$12^h 21' 12''$	+ 32° 16'	(7.8) fortasse oblonga	
252		31 12	22 7	(7.8) (8.9)	0,5
253		36 3	22 4	(7) (10)	6
254		36 26	59 44	(7) fortasse oblonga	
255		38 5	3 20	(7) (10)	12
256		48 15	— 0 5	(7) (7)	0,5
257		49 25	+ 46 28	(7.8) (8)	8
258		52 27	83 25	(7) (11)	10
259		59 53	24 52	(7.8) (7.8)	30
260		13 0 21	27 48	(8) (8)	0,6
261		4 28	32 56	(7) (7)	0,5
262		5 35	74 49	(7) (8)	Cl. IV
263		9 48	51 25	(7.8) (8)	2
264	P. XIII. 71	15 2	44 45	(6) fort. duplex ex vicinissimis?	
265		17 6	1 41	(7) (10)	12
266		20 35	16 34	(7.8) (8)	1
267		22 24	76 49	(7.8) oblonga	
268		23 13	25 3	(7) (11) et (7)	12 et Cl. VI
269		25 37	35 44	(6.7) oblonga?	
270	τ Bootis	39 35	18 16	(5) (12)	10
271		46 0	10 55	(7) oblonga?	
272	P. XIII. 242	47 15	30 41	(7) (10)	1,5
273		48 14	6 2	(7.8) (8)	0,6
274		59 45	35 32	(6.7) (9)	12
275		14 1 13	8 9	(6.7) (10)	6

Numéros	Noms des étoiles	℞ pour	Décl. 1840	Description	Distance estimée en secondes
276		14ʰ 1′ 27″	+ 37° 30′	(7.8) (8) et (10)	0,5 et 12
277	Str. 1812	5 18	29 28	(7.8) (7.8) et (9) = h. 541	0,5 et 12
278		5 54	44 57	(7.8) (7.8)	0,4
279	P. XIV. 20	6 3	12 45	(6.7) (9)	2
280		6 17	61 9	(7.8) (10.11)	6
281		12 24	9 19	(7) (10)	1,5
282		18 2	7 57	(7) (9.10)	15
283		26 48	49 54	(7) (10.11)	4
284		34 40	49 25	(7) (11)	7
285	P. XIV. 182	39 29	43 3	(7) (7.8)	0,5
286		43 56	47 15	(7) fortasse oblonga?	
287		45 40	45 36	(7.8) (7.8)	0,5
288		45 54	16 22	(6) fortasse oblonga	
289		49 16	32 56	(7.8) (9)	10
290		50 38	36 7	(7) (10)	12
291		55 12	47 54	(6) (8)	25
292	P. XV. 24	15 7 33	32 23	(5) (7.8)	1,5
293		8 25	23 9	(7) (10)	10
294		8 40	56 39	(7) (11)	3
295		8 52	37 25	(7.8) (8.9)	1
296		20 48	44 35	(7) (9)	2
297		27 58	25 33	(7.8) (11)	10
298		30 15	40 21	(7) (7)	1,2
299		31 36	64 27	(7.8) (10)	3
300		32 31	12 35	(6.7) (9.10)	12

Numéros	Noms des étoiles	Æ pour	Décl. 1840	Description	Distance estimée en secondes
301		$15^h 40' 44''$	$+ 42° 58'$	(7) (11)	4
302		48 53	34 50	(7) (8.9)	30
303		53 23	13 44	(7.8) (7.8)	0,6
304		55 15	39 38	(6.7) (10) $=$ h. 1285	10
305		16 5 31	33 45	(6) (10)	4
306		5 47	34 49	(7) oblonga	
307		5 52	48 13	(7) (9)	15
308		13 38	1 36	(7) (9.10)	2
309		13 55	42 2	(7.8) (7.8) in contactu	
310		19 43	38 19	(7) (10)	3
311		20 51	21 16	(7) (10)	12
312	η Draconis	21 46	61 52	(2.3) (8)	4
313		27 14	40 27	(7.8) (7.8)	1
314		31 53	20 47	(7.8) (10)	3
315	21 Ophiuchi	43 17	1 30	(6) fort. duplex ex vicinissimis	
316		46 30	59 47	(7.8) (8.9)	Cl. IV
317		48 3	44 40	(7) (11)	10
318		49 24	14 22	(7) (9)	3
319		50 54	15 24	(7) (7.8)	1
320		51 35	25 36	(7.8) (11)	3,5
321		52 10	14 33	(7.8) (7.8)	0,8
322		54 14	37 11	(7) (11)	1,5
323		17 0 29	47 11	(7) (10)	10
324		1 59	31 26	(6) (11)	3
325	P. XVII. 18	5 15	7 57	(7) (9)	2

Numéros	Noms des étoiles	ÆR	Décl.	Description	Distance estimée en secondes
		pour	1840		
326		$17^h 10' 41''$	$+\ 9^o 42'$	(7) (10)	12
327	P. XVII. 58	11 4	56 19	(7.8) oblonga	
328	68 u Herculis	11 26	33 17	(5) (10)	3
329		18 54	37 6	(6.7) (7.8)	Cl. IV
330		22 36	16 5	(7) (10)	12
331	P. XVII. 135	24 8	2 57	(7) (9)	1
332		27 43	15 25	(7) (10)	12
333		29 15	10 40	(7) fortasse oblonga	
334		37 51	34 51	(7.8) (8.9)	10
335		39 7	21 57	(7.8) (8)	20
336		42 7	34 20	(6.7) (8.9)	30
337	P. XVII. 260	42 53	7 18	(7.8) (8)	0,5
338		44 43	15 22	(6.7) (6.7)	0,8
339		49 19	21 31	(7.8) (10)	2,5
340		55 30	87 2	(7.8) (7.8)	Cl. IV.
341		58 55	21 26	(7) (7.8)	0,4?
342	72 S^2 Ophiuchi	59 46	9 32	(4) (7)	1,5
343		18 0 45	48 6	(7.8) (10)	1,5
344		3 8	49 41	(6.7) (11)	2
345		5 1	5 47	(7.8) (10)	0,7
346		8 29	19 44	(7.8) (8)	3
347		17 0	7 9	(7.8) (11)	2
348		17 48	7 57	(6) (10)	1?
349		18 29	83 53	(7.8) certe oblonga	
350		19 4	6 20	(7.8) (9)	1,5

Numéros	Noms des étoiles	ÆR pour	Décl. 1840	Description	Distance estimée en secondes
351		$18^h 21' 5''$	$+ 48° 40'$	(7) certe oblonga	
352		21 54	46 43	(7) (8.9)	15
353	φ Draconis	23 10	71 15	(4.5) (6.7)	0,6
354		24 15	6 40	(7.8) (7.8)	0,5
355		25 43	8 9	(6.7)(9) Major fortasse ipsa duplex ex vicinissimis	32
356		28 0	40 2	(7.8) (8.9)	30
357		28 29	11 35	(7.8) (7.8)	0,5
358		28 46	16 52	(7) (7.8)	0,8
359	P. XVIII. 132	28 53	23 29	(7) (7)	0,7
360		30 47	4 43	(7) (10)	1
361		35 48	5 29	(7.8) (8)	Cl. IV.
362		40 42	10 27	(7) (12)	8
363		45 14	77 31	(7.8) (7.8)	0,6
364		46 46	25 10	(7) (10)	0,5?
365	Str. 3130	51 6	44 0	(7) (7) et (9.10)	0,5 et 3
366		19 8 23	33 57	(7.8) (10)	16
367		8 37	34 18	(7) (8.9)	20
368		8 45	15 53	(7.8) (7.8)	0,6
369		9 24	71 48	(7.8) (7.8)	0,8
370	P. XIX. 49	9 26	9 3	(7.8) (7.8)	Cl. IV
371		9 31	27 10	(7) (7)	0,7
372		18 45	46 54	(8.9) (10) et (7.8)	3 et Cl. IV
373		19 25	46 7	(7) (10)	2
374		26 47	49 52	(7.8) (10)	12
375		27 30	17 46	(7) (8)	0,6

Numéros	Noms des étoiles	AR	Décl	Description	Distance estimée en secondes
		pour	1840		
376		$19^h 29' 11''$	$+ 33° 52'$	(7) (10)	2,5
377		30 26	35 19	(8) (8) et (9) $=$ h. 1421.	1 et Cl. IV
378		31 10	40 39	(7.8) (9)	1,5
379		32 26	33 34	(7.8) (8)	Cl. IV
380	χ Aquilae	35 5	11 27	(6) (6.7) et (10)	0,8 et 1,5
381		35 22	3 48	(7) (11)	12
382		35 22	27 0	(7) (7.8)	0,6
383		37 29	40 20	(7) (8)	0,8
384	P. XIX. 263	38 4	37 56	(7) (7.8)	0,8
385		40 21	40 10	(7.8) (10)	1,2
386		42 28	36 45	(7.8) (7.8)	0,8
387		42 47	34 54	(7) (7)	1
388		45 39	25 27	(7.8) (7.8) et (9)	3 et 15
389		46 19	30 44	(7) (9) $=$ h. 1445	10
390		48 38	29 47	(7) (10) et (10)	10 et 13
391		51 43	43 52	(7.8) (9)	12
392	Str. 2607	52 32	41 50	(7) (10) Major duplex ex viciniss.	2,5
393		52 46	43 58	(7.8) (9)	12
394		54 24	35 58	(7) (10)	6
395	16 h Vulpeculae	55 16	24 30	(6) (6)	0,7
396		56 4	18 4	(6) (8)	Cl. IV
397		57 26	15 27	(7.8) (8)	Cl. IV
398	Str. 2630 rejecta	20 1 23	35 16	(7) (9)	0,8
399		4 48	36 34	(7) (10)	3
400		4 51	43 30	(6.7) (7)	0,6

Numéros	Noms des étoiles	Æ	Décl.	Description	Distance estimée en secondes
		pour	1840		
401		$20^h 6' 28''$	$+ 37° 58'$	(7) (10)	12
402		7 40	24 22	(7) (10)	10
403	Str. 2657 REJECTA	8 54	41 39	(7) (7) et (9)	0,7 et 12
404		11 26	52 0	(7.8) (8.9)	20
405		12 28	32 45	(7.8) (7.8)	0,5
406		14 35	44 52	(8) (8)	0,6
407	Str. 2690. P. XX. 177. 178	23 34	10 44	(8) (8) et (7) $=$ h. 1521	0,7 et 12
408		27 43	34 8	(7) (10)	1,5
409		32 14	2 52	(7) (10)	12
410		33 41	40 3	(6) (6)	0,5
411		36 56	45 16	(7) (10)	8
412	P. XX. 321	40 43	50 5	(11) (11) et (7.8)	3 et 20
413	λ CYGNI	41 9	35 55	(5.6) (5.6) $=$ H. VI. 32	0,6
414		41 23	41 50	(6.7) (7.8)	10
415		43 52	29 50	(7) (9)	2
416		46 18	43 9	(7.8) (8)	7
417		46 19	28 32	(7) (8.9)	20
418		48 15	32 6	(7.8) (7.8)	0,7
419		48 21	36 27	(7.8) (11)	1,5
420		48 29	40 6	(7) (11)	3
421		49 5	31 33	(7) (8.9)	20
422		49 9	44 33	(7) (10)	2
423		49 26	41 55	(7) (9)	3
424		51 46	14 57	(7) fortasse cuneus	
425	P. XX. 440	54 46	48 3	(7) (11)	8

Numéros	Noms des étoiles	ÆR	Décl.	Description	Distance estimée en secondes
		pour	1840		
426	60 Cygni	20^h 55′ 30″	+ 45° 32′	(6) 10)	2
427		56 56	30 25	(7) (10)	3
428		21 1 6	6 4	(7.8) (8)	20
429		1 22	4 23	(7) fortasse duplex	
430		4 47	23 31	(7) (9.10)	1,5
431		5 28	40 37	(7.8) (7.8)	3
432	P. XXI. 50	8 9	40 29	(6.7) (6.7)	0,5
433	v Cygni	11 18	34 15	(4.5) (10) et (11) $=$ h. 932	12 et Cl. IV
434		12 45	39 4	(7) (9)	16
435		13 19	2 13	(7) (7) in contactu	0,5
436		13 24	75 39	(7) (10)	10
437		14 5	31 47	(6.7) (7)	1
438		15 45	42 29	(7) (10)	3
439		17 23	1 22	(7) (11)	12
440	P. XXI. 166	22 58	59 4	(6) (10)	12
441		24 22	41 32	(7) (10)	8
442	P. XXI. 221	29 34	61 5	(8) (8)	0,6
443		29 37	5 59	(7.8) (7.8)	6
444		31 39	19 52	(7.8) (10)	7
445		31 54	20 0	(8) (8)	0,7
446		32 14	3 1	(7) (10)	5
447		33 7	41 0	(7.8) (10) et (7.8)	12 et Cl. IV
448		33 55	28 37	(7.8) (8)	0,5
449		37 1	74 31	(7.8) (9)	1
450		38 32	5 48	(6) (7.8)	Cl. IV

Numéros	Noms des étoiles	AR	Décl.	Description	Distance estimée en secondes
		pour	1840		
451	P. XXI 328	$21^h 46' 13''$	$+ 60° 52'$	(7.8) (8.9)	3
452		47 38	6 29	(7) (8)	0,8
453		48 31	6 29	(7.8) (7.8)	0,6
454		48 48	23 36	(7) (9)	4
455		48 57	15 21	(7) (8.9)	8
456		49 44	51 48	(7.8) (8)	1
457		51 17	64 34	(6) (9)	1
458		51 24	59 3	(7) fortasse oblonga	
459		55 6	38 47	(7) (10)	8
460		57 28	0 59	(7) (11)	12
461	ν Cephei	58 42	59 3	(7) (11)	12
462		22 0 2	35 19	(7.8) (9.10)	1,5
463		2 33	12 58	(7) (12)	4
464		4 21	39 23	(7.8) (7.8)	0,6
465		5 44	49 25	(7) (10)	12
466		6 22	58 56	(5) (9)	3
467		7 14	21 44	(6.7) (9) = h. 959	16
468		9 5	32 56	(7) (11)	12
469		13 21	34 19	(7) (8)	Cl. IV
470		16 11	66 10	(7) (10)	3
471		21 10	6 47	(7) fortasse oblonga	
472		23 30	51 37	(7) (11)	15
473		24 12	56 24	(7) (10.11)	16
474		28 53	34 46	(6) oblonga?	
475	P. XXII. 179	31 42	36 33	(7) (11)	12

Numéros	Noms des étoiles	ÆR	Décl.	Description	Distance estimée en secondes
		pour	1840		
476		22ʰ 36′ 9″	+ 46° 18′	(6) (7)	0,8
477		36 35	45 9	(7) (11)	10
478		36 48	38 38	(6) (9) = h. 1802	3
479	13 Lacertae	36 53	40 59	(5.6) (10.11) = h. 1803	12
480		39 45	57 13	(7.8) (8.9) = h. 1809	Cl. IV
481		41 25	77 40	(7.8) (9.10)	3
482	Cephei 34 Hev.	47 32	82 17	(5) (10)	4
483	52 Pegasi	51 10	10 53	(6.7) (8)	1
484	Str. 2966 rejecta	51 17	71 59	(7) certe oblonga	
485		55 48	54 23	(7) (8.9)	16
486		56 44	59 34	(7) (8.9)	Cl. IV
487		58 21	79 55	(6.7) oblonga	
488		59 32	19 44	(7) (11)	12
489	π Cephei	23 2 48	74 31	(5) (8.9) = h. 1852	1,5
490		3 12	56 34	(7) (9.10)	1
491	P. XXIII. 15	5 29	1 21	(7) oblonga?	
492		6 4	81 42	(7.8) (11)	10
493		11 29	47 36	(7.8) (10)	10
494		12 49	21 5	(7.8) (8)	3
495		16 48	56 39	(7) fortasse oblonga?	
496	P. XXIII. 100. 101	22 38	57 40	(7) (8.9) et (5) = h. 1886	0,7 et Cl. VI
497		22 48	8 36	(7.8) (8)	1
498		23 47	51 33	(7) (9.10)	15
499		25 46	56 31	(7) (9)	10
500		29 50	43 32	(7) oblonga, interdum disjunctae	

Numéros	Noms des étoiles	ÆR pour	Décl. 1840	Description	Distance estimée en secondes
501		$23^h 32' \ 3''$	$+ \ 36^o \ 46'$	(7) (10)	15
502		32 19	62 51	(7) (10.11)	4
503		33 57	19 26	(7.8) (8)	2
504		34 24	17 48	(7) (10)	10
505		37 19	19 32	(6.7) (9.10)	1,5
506		40 33	35 24	(7) (9.10)	12
507		40 55	63 59	(6.7) (7.8) et (8)	0,5 et Cl. V
508	6 Cassiopeiae	41 5	61 20	(5.6) (8.9)	1,2
509		42 29	42 31	(7.8) (9)	8
510		43 34	41 11	(7.8) (7.8) et (9.10)	0,4 et 16
511		45 11	59 49	(7) (11.12)	10
512		49 19	60 8	(7) (11)	6
513		50 11	34 8	(7) (9)	2
514		56 25	41 12	(6.7) (9.10)	7

NOTES.

No. 2 $= h.$ 1007. M. Herschel II donne cette étoile comme double, composée d'une étoile de 7me et d'une autre de 11me grandeur, dans la distance de 18$''$. Dans notre lunette, la plus grande se présente composée de deux étoiles égales très resserrées.

No. 3 Peut-être $= Str.$ 19. Une erreur de 2$'$ en ascension droite est probable. La déclinaison et la description s'accordent parfaitement.

No. 6 $= Str.$ 26 *rejecta.* Dans le „*Catalogus Novus stellarum duplicium auctore F. G. W. Struve*", cette étoile se trouve citée comme double. Ensuite, elle a été rejetée du nombre des étoiles à observer, à cause de la faiblesse du satellite. Notre lunette dissout l'étoile principale en deux, dont la distance $= 0'',8.$

No. 38 γ *Andromedae.* Cette étoile double reconnue déjà par Chr. Mayer en 1778 et observée depuis au moyen des lunettes les plus fortes, se montre à présent triple, à l'aide de notre réfracteur. Le satellite est composé de deux étoiles très rapprochées, B de la 4me et C de la 5me grandeur. Les mesures micrométriques donnent la relation suivante entre ces deux étoiles:

$$1842,72 \quad \text{Distance} = 0'',51,$$
$$\text{Angle de Position} = 306^\circ,6.$$

No. 116 $= Str.$ 785. Dans le *Catalogus Novus*, la troisième étoile qui est plus petite que les autres, n'a pas été indiquée.

No. 166 $= Str.$ 1037. Aussi dans ce système, le satellite le plus petit n'est pas indiqué dans le *Catalogus Novus.*

No. 203 Peut-être $= Str.$ 1350. La déclinaison et la description s'accordent de très près, mais notre ascension droite est plus grande de deux minutes.

No. 221 Peut-être $= Str.$ 1442. Une erreur de deux minutes en ascension droite est très probable.

No. 250 Cette étoile double est voisine de $Str.$ 1638, mais elle n'est pas la même.

No. 252 Peut-être $= Str.$ 1563. Une erreur de deux minutes en ascension droite est probable.

No. 277 $= Str.$ 1812. Cette étoile a été mesurée trois fois à Dorpat, mais toujours comme double seulement. M. Herschel aussi la trouve double. Par notre lunette la plus grande est encore dissoute en deux étoiles de 0$'',5$ de distance.

No. 362 Peut-être $= Str.$ 2396. L'ascension droite s'accorde, mais la déclinaison diffère de 10 minutes.

No. 365 $= Str.$ 3130. Cette étoile a été cinq fois observée à l'aide de la lunette de Dorpat, même avec un grossissement de 480 fois; mais jamais la plus grande n'a été reconnue comme composée elle-même de deux étoiles de 0$'',5$ de distance.

No. 377 $= h.$ 1421. M. Herschel II. donne cette étoile comme double, dont l'une est de 10me, l'autre de 11me grandeur. Ces grandeurs diffèrent beaucoup de celles que nous avons notées; cependant la position des étoiles étant la même, il faut admettre qu'elles sont identiques. Dans ce cas M. Herschel n'a pas vu que la plus grande est composée elle-même de deux étoiles, à la distance d'une seconde.

No. 392 $= Str.$ 2607. Cette étoile a été mesurée trois fois à Dorpat, mais toujours comme double. Notre lunette la montre triple. Dans la révision du ciel, la plus grande a été seulement soupçonnée d'être de forme oblongue. Les mesures micrométriques faites avec un grossissement plus fort, ont confirmé le soupçon. La plus grande est distinctement séparée en deux, dont l'une est de 7me, l'autre de 9me grandeur; la distance $= 0'',6.$

No. 403 $= Str.$ 2657 *rejecta.* Dans le *Catalogus Novus* cette étoile est notée comme double. Ensuite elle a été rejetée du nombre des étoiles à mesurer, à cause de la faiblesse du satellite. Notre lunette montre la plus grande distinctement séparée en deux d'égale splendeur, à la distance de 0$'',8.$

No. 407 $=$ *Str.* 2690. Cette étoile a été mesurée à Dorpat, cinq fois, toujours comme double, même avec le grossissement de 480 fois. Notre lunette montre avec facilité le satellite, composé de deux étoiles égales en grandeur. Avant nous, déjà cette triplicité a été remarquée par l'astronome anglais M. Dawes (voyez Philosophical Magazine , mais, du temps de notre révision du ciel, cette observation ne nous était pas connue. Il faut soupçonner qu'un changement de distance assez considérable a eu lieu pour ces étoiles; sans cela l'instrument de Dorpat aurait dû montrer la triplicité.

No. 413 λ *Cygni* $=$ H. VI. 32. Chez Herschel I c'est une étoile double de la sixième classe, dont le satellite est très faible à la distance d'une minute. La duplicité de l'étoile principale n'a pas été remarquée par Herschel.

No. 466 La position s'accorde avec *Str.* 2880; mais, dans les grandeurs indiquées, il y a une grande différence. Str. 2880 est composée de deux étoiles, dont l'une est de $(7.8)^{\text{me}}$ l'autre de $(10.11)^{\text{me}}$ grandeur. Dans notre catalogue, la plus grande est dite de 5me grandeur. Comme cette étoile ne se trouve ni dans le catalogue de Piazzi ni dans le manuscrit des étoiles visibles à l'oeil nu, de M. Argelander, il faut soupçonner une erreur d'écriture par rapport à la grandeur de l'étoile; et dans ce cas elle est identique avec *Str.* 2880.

No. 484 $=$ *Str.* 2966 *rejecta*. Dans le *Catalogus Novus* cette étoile est décrite IV (7) (10). Elle a été rejetée du nombre des étoiles à observer, à cause de la faiblesse du satellite. Nous avons trouvé à Poulkova que l'étoile principale est certainement oblongue. La plus petite n'a pas été mentionnée dans cette occasion.

No. 489 π *Cephei* $=$ h. 1852. Dans le catalogue de M. Herschel II, c'est une étoile double de $12''$ de différence en ascension droite. Le satellite y est dit de 16me grandeur. Cette petite étoile est négligée dans notre catalogue; mais la grande étoile elle-même est séparée en deux, dont la distance $= 1'',5$.

No. 496 $=$ h. 1886. C'est ici le même cas que pour π Cephei. La plus grande étoile est dissoute en deux étoiles de $0'',7$ de distance, tandis que la petite, que M. Herschel II a indiquée à la distance de $18''$, n'est pas admise dans notre catalogue.

CATALOGUE

DE

256 ÉTOILES DOUBLES PRINCIPALES

ENTRE

52″ ET 2′ DE DISTANCE.

Numéros	Noms des étoiles	ÆR	Décl.	Description
		pour	1840	
1		0^h 5′ 13″	+ 75° 7′	VI. (7) (7)
2		23 2	32 41	VI. (6) (8)
3		25 43	83 51	V. (7.8) (8)
4	π Andromedae = Str. Cat I. 10	28 21	32 49	VI. (4) (8)
5		29 20	75 58	VI. (7) (8)
6	P. O. 175. 176 = Str. Cat. I. 12	37 50	30 3	V. (7) (7)
7	Str. Cat. I. 13	38 30	50 14	IV . V. (7) (7.8)
8		39 19	12 1	IV . V. (8) (8)
9		41 8	29 34	VI. (7) (8)
10	77 Piscium = Str. 90	57 33	4 4	V. (6) (7)
11		58 16	37 47	V . VI. (7) (8)
12		1 1 12	50 9	VI. (7) (8) et III. (9.10)
13		4 35	73 11	V . VI. (7) (8)
14		4 35	80 3	I. (7) (8) et VI. (6.7)
15	P. I. 39. 40 = Str. Cat. I. 36	10 26	63 49	V. (7) (8)
16		14 8	16 21	V. (7) (8)
17		15 20	38 11	V. (7) (8)
18		16 40	30 44	I . II. (7.8) (11) et V. (7.8)
19	P. I. 85. 87	20 1	7 7	VI. (6) (7.8)
20		28 51	21 45	VI. (7) (8)
21	λ Arietis = Str. Cat. I. 50	49 2	22 49	V. (5) (7.8)
22	Str. Cat. I. 52	54 32	78 56	V . VI. (6.7) (7)
23	14 Arietis = Str. Cat. I. 56	2 0 19	25 10	VI. (5.6) (7.8)
24		1 45	56 28	IV . V. (6.7) (8)
25	P. II. 21. 22	5 44	56 19	VI. (7) (8)

Numéros	Noms des étoiles	ÆR	Décl.	Description
		pour	1840	
26		2^h 8′ 6″	+ 59° 19′	V . VI. (7) (7.8)
27	P. II. 85	18 12	9 51	VI. (7) (8)
28		26 35	61 54	VI. (6.7) (7.8)
29	30 Arietis = Str. Cat. I. 75	27 47	23 56	IV . V. (6.7) (7)
30		30 27	8 13	VI. (7.8) (8)
31		48 29	59 3	V . VI. (7.8) (8)
32	Str. Cat. I. 89	3 0 41	6 49	VI. (7) (7)
33	Str. 373 rejecta	8 45	62 10	IV. (7.8) (9) et VI. (7.8)
34	Str. Cat. I. 94	21 23	27 10	V. (7) (7.8)
35	Str. Cat. I. 95	24 0	22 50	III. (7.8) (11) et VI. (7)
36		26 2	63 21	V. (6) (7.8)
37	Str. Cat. I. 97	27 20	44 17	V. (7) (7.8)
38		34 54	27 22	VI. (7) (7.8)
39	Str. Cat. I. 104	36 39	56 37	VI. (7) (7.8)
40	P. III. 164	39 54	23 53	VI. (7) (8)
41		46 2	4 42	V. (7) (8)
42	η Pleiadum = Str. Cat. I. 106	57 59	23 36	VI. (4) (7)
43		4 5 46	31 15	I. (7.8) (7.8) et V. (8)
44		5 48	45 49	V. (7) (8)
45	P. IV. 24. 25	6 59	5 48	VI. (6.7) (7)
46		8 11	55 9	VI. (7) (7.8)
47	Str. Cat. I. 117	8 52	49 52	V. (7) (7.8)
48	φ Tauri = Str. Cat. I. 118	10 27	26 57	V. (6) (8)
49		10 41	1 21	VI. (7) (7.8)
50	57 Persei = Str. Cat. I. 127	22 5	42 42	VI. (6) (6.7)

Numéros	Noms des étoiles	Æ		Décl.		Description
		pour		1840		
51		4^h 24' 27"		+ 47° 2'		V. (7) (7.8)
52	88 *d* Tauri = Str. Cat. I. 130	26 56		9 51		V. (4) (7.8)
53		29 14		0 13		VI. (7) (7)
54	*τ* Tauri = Str. Cat. I. 134	32 40		22 40		V. (5) (7.8)
55		40 37		4 56		V. (7.8) (8)
56	Str. 618	48 41		62 50		V. (7.8) (7.8)
57	10 Camelopardali = Str. Cat. I. 141	49 14		60 11		VI. (5) (7.8)
58	P. IV. 255. 257 = Str. Cat. I. 144	49 55		14 17		V. (6.7) (7.8)
59	Str. Cat. I. 146	51 49		26 27		VI. (6) (7)
60	Camelopardali 19 Hev. = Str. 634	56 23		79 3		IV . V. (5) (8)
61		59 28		29 35		V . VI. (6.7) (8)
62		5 3 27		6 39		VI. (7) (7.8)
63		19 33		39 41		VI. (6.7) (7.8)
64		20 30		18 17		V. (7.8) (8)
65		29 36		0 53		VI. (7) (7.8)
66	P. V. 214.	38 3		24 37		VI. (7) (7.8)
67		38 49		20 49		I. (7) (8) et V. (7.8)
68	Str. Cat. I. 210	45 50		13 49		V. (7.8) (7.8)
69		59 23		66 10		VI. (6.7) (8)
70	P. VI. 13. 14	6 4 23		24 1		VI. (7.8) (7.8)
71		5 29		11 51		V. (7) (8)
72		10 14		59 46		VI. (7) (7.8)
73		10 25		13 31		VI. (7) (7.8)
74		10 44		25 16		V. (6) (8)
75		11 12		18 7		V. (7) (8)

Numéros	Noms des étoiles	Æ	Décl.	Description
		pour	1840	
76	P. VI. 62	$6^h 11' 41''$	$+ 21° 12'$	III. (8) (10) et V. (7)
77	ν Geminorum	19 28	20 18	VI. (4) (7.8)
78	56 Aurigae $=$ Str. Cat. I. 244	35 8	43 45	V. (6) (8)
79		45 31	6 53	VI. (7) (7.8)
80		49 4	14 27	VI. (7) (7 8)
81	ζ Geminorum $=$ Str. Cat. I. 254	54 34	20 48	VI. (4) (7.8) et III. (10.11)
82		56 14	1 43	VI. (7) (7.8)
83		59 46	26 0	VI. (6.7) (7)
84	P. VII. 61. 62	7 12 9	56 52	VI. (7) (7)
85		18 55	24 59	V. (7) (8)
86		20 13	14 40	V. (7.8) (8)
87		27 37	42 50	VI. (7) (7.8)
88		40 37	1 4	V. (7.8) (8)
89		40 50	32 1	VI. (6.7) (7.8)
90	Str. Cat. I. 282	48 7	63 29	V. (6) (7.8)
91		8 9 18	35 33	VI. (6.7) (7.8)
92		11 6	57 55	V. (7) (8)
93	Str. Cat. I. 294	13 48	42 32	VI. (6) (8)
94		27 17	14 20	V. (7.8) (8)
95	P. VIII. 128. 130	31 17	20 6	V. (7) (7) et VI. (6.7)
96		42 25	26 20	IV. (7) (9) et IV.V. (8)
97		58 57	28 11	V. (7) (7.8)
98		9 8 38	7 56	VI. (7.8) (7.8)
99	P. IX. 78. 81	18 4	46 16	VI. (6) (7.8)
100	7 Leonis min. $=$ P. IX. 29	21 2	34 21	V. (5.6) (8)

Numéros	Noms des étoiles	ÆR		Décl.	Description
		pour	1840		
101	6 Leonis $=$ Str. Cat. I. 346	$9^h\,23'\,20''$		$+\;10^0\,25'$	V. (5.6) (8)
102		26 24		14 47	V. (7) (8)
103		42 2		20 4	V. (7) (8)
104		10 15 6		34 59	VI. (7) (7)
105		20 52		29 23	VI. (6.7) (7.8)
106	Str. 1472	38 28		13 53	IV . V. (7.8) (8)
107	Str. Cat. I. 377	11 1 27		66 54	IV . V. (7.8) (7.8)
108		3 54		36 42	VI. (7) (7)
109		6 48		46 44	VI. (7.8) (8)
110	τ Leonis	19 43		3 43	VI. (4) (7)
111		21 33		30 50	V. (6.7) (8)
112		46 27		20 19	V. (7.8) (8)
113	65 Ursae maj. $=$ Str. 1579	46 45		47 22	I. (6) (8) et VI. (5.6)
114		52 1		37 37	VI. (7) (7.8)
115	Str. 1591	53 20		0 31	V. (7.8) (8)
116		53 49		1 0	V. (7) (7.8)
117	Str. Cat. I. 404	12 3 50		82 39	VI. (5.6) (8)
118		4 32		82 48	VI. (6.7) (8)
119	Str. Cat. I. 416	23 4		2 13	V. (7) (7.8)
120	Str. 1678	37 23		15 14	IV . V (6.7) (7)
121	P. XIII. 12	13 3 43		63 5	VI. (6.7) (8)
122		6 52		57 32	VI. (7) (8)
123		21 44		65 34	V. (7) (7)
124		23 13		25 3	III. (7) (11) et VI. (7)
125		40 5		39 20	VI. (5) (7.8)

Numéros	Noms des étoiles	ÆR	Décl.	Description
		pour	1840	
126	P. XIII. 219. 220	13ʰ 42′ 49″	+ 22° 4′	VI. (6.7) (7)
127		47 8	69 7	VI. (6.7) (8)
128	ι Bootis = Str. Cat. I. 455	14 10 31	52 7	V. (5) (7.8)
129		27 13	25 6	VI. (7) (7.8)
130		37 45	81 2	VI. (7.8) (8)
131	P. XIV. 205. 207	45 36	0 16	VI. (7) (7.8)
132	Str. Cat. I. 470	54 49	54 30	IV . V. (7) (7.8)
133	Str. Cat. I. 471	55 8	47 55	V. (6) (7)
134		15 5 33	19 53	IV . V. (6) (7)
135	Str. Cat. I. 478	6 1	28 33	V. (7.8) (8)
136	δ Bootis = Str. Cat. I. 479	9 3	33 55	VI. (4) (7)
137	P. XV. 39	10 54	51 32	VI. (6.7) (8)
138		16 43	60 57	VI. (7) (8) et VI. (7.8)
139	μ Bootis et P. XV. 74 = Str. 1938	18 29	37 55	I. (6) (6.7) et VI. (4)
140		24 42	9 10	VI. (7) (7.8)
141		35 15	57 59	VI. (7) (8)
142		16 2 3	60 29	VI. (7.8) (8)
143		5 26	70 41	IV.V (7) (8)
144	γ Herculis = Str. Cat. I. 516	14 49	19 32	V. (3) (8)
145	23 Herculis = Str. Cat. I. 518	16 49	32 43	V. (6) (8)
146	Str. Cat. I. 523	23 50	8 38	V . VI. (6.7) (7.8)
147	16 et 17 Draconis = Str. 2078	32 23	53 15	I. II. (6.7) (7) et VI. (6.7)
148	36 Herculis = Str. Cat. I 524	32 46	4 32	VI. (6) (7)
149		36 31	21 1	VI. (7) (8)
150		51 54	9 57	VI. (7) (7.8)

Numéros	Noms des étoiles	Æ pour 1840	Décl.	Description
151		17^h 0′ 22″	+ 53° 27′	VI. (7.8) (8)
152		11 53	21 57	V . VI. (7) (8)¡
153		19 20	39 23	VI. (7) (8)
154		27 2	6 10	IV . V. (7) (9) et VI. (8)
155	53 Ophiuchi = Str. Cat. I. 547	27 4	9 42	V. (5) (7)
156	ν¹ ν² Draconis = Str. Cat. I. 549	29 3	55 18	VI. (6) (6)
157	P. XVII. 204	34 46	31 23	VI. (6) (7)
158		36 12	41 44	V. (7) (7.8)
159		43 56	1 10	VI. (6) (6.7)
160		45 55	11 0	VI. (7) (8)
161		52 36	8 52	V . VI. (6) (7.8)
162	67 Ophiuchi = Str. Cat. I. 557	52 37	2 57	V. (4) (6.7)
163		55 10	62 38	V. (7) (7.8)
164		55 32	7 56	V. (7.8) (8)
165		58 7	4 34	VI. (7.8) (7.8)
166	Str. 2278	18 0 6	56 26	II . III. (8) (8) et V. (7.8)
167		10 19	4 31	VI. (7.8) (8)
168		20 39	4 44	V. (7) (8)
169	39 b Draconis = Str. 2323	21 38	58 44	I. (5) (8) et VI. (7.8)
170		22 47	4 24	VI. (6.7) (8)
171	P. XVIII. 126. 127	27 31	38 42	VI. (7) (7.8)
172		38 41	33 51	VI. (7.8) (7.8)
173	ζ Lyrae = Str. Cat. I. 589	39 15	37 26	V. (6) (7)
174		40 21	10 59	V. (7) (8)
175	β Lyrae = Str. Cat. I. 593	44 11	33 10	V. (3) (7)

Numéros	Noms des étoiles	Æ	Décl.	Description
		pour	1840	
176		18^h 46′ 27″	+ 1° 42′	VI. (7) (7)
177		19 5 22	16 35	VI. (7) (8)
178		8 1	14 48	VI. (6) (7.8)
179	28 Aquilae = Str. Cat. I. 618	12 8	12 5	V. (6.7) (8)
180		13 22	14 7	VI. (7.8) (8)
181		13 36	26 22	VI. (7) (7)
182	P. XIX. 154	22 25	49 48	VI. (7) (8)
183	β Cygni = Str. Cat. I. 623	24 16	27 38	IV . V. (3) (5)
184	Str. 2549	29 30	62 58	V. (8) (8) et IV. (9)
185	ε Sagittae = Str. Cat. I. 628	30 3	16 6	VI. (6.7) (8)
186		30 31	59 49	VI. (6) (8)
187		30 45	46 4	V. (7.8) (8)
188		37 9	37 18	V. (8) (8)
189	16 Cygni = Str. Cat. I. 633	37 29	50 8	IV . V. (6.7) (6.7)
190		38 37	46 52	VI. (7.8) (8)
191	P. XIX. 278 = Str. Cat. I. 638	39 55	34 38	V. (6) (8)
192		40 28	32 30	V. (6) (8)
193	P. XIX 320. 321	46 20	19 56	V. (7.8) (7.8)
194		50 38	59 17	VI. (6.7) (8)
195		51 19	26 49	VI (7) (7.8)
196		56 14	40 24	V (7.8) (8)
197	26 Cygni = Str. Cat. I. 655	56 50	49 39	IV . V. (6) (8)
198		58 50	7 6	V. (6.7) (7)
199		59 39	35 10	V (7) (8)
200	P. XX. 1. 3	20 0 25	64 11	VI. (7) (8)

Numéros	Noms des étoiles	Æ	Décl.	Description
		pour	1840	
201	θ Sagittae $=$ Str. 2637	20^h 2′ 53″	$+$ 20° 27′	III. (7) (9) et VI. (7)
202	P. XX. 43. 44 $=$ Str. Cat. I. 664	6 18	6 6	V. (7) (7.8)
203		6 56	33 44	VI. (7.8) (8)
204	o^2 Cygni $=$ Str. Cat. I. 667	8 36	46 16	VI. (4) (7)
205		14 8	40 39	V. (6.7) (8)
206		17 4	38 42	V. (7.8) (8)
207		17 28	42 29	VI. (6.7) (7)
208		29 31	46 19	VI. (7.8) (8)
209		37 30	12 8	VI. (7.8) (8)
210		42 2	4 57	VI. (6.7) (8)
211		45 24	58 9	VI. (7) (7.8)
212		46 54	30 20	V. (7.8) (8)
213		52 25	16 12	VI. (6) (8)
214	P. XX. 465	58 1	40 59	V. (5) (7)
215		21 5 0	47 2	VI. (6) (7.8)
216		7 47	33 40	VI. (7.8) (8)
217	Str. Cat. I. 718	14 27	52 23	V. (7) (8)
218	1 Pegasi $=$ Str. Cat. I. 719	14 42	19 8	V. (3.4) (8)
219	3 Pegasi $=$ Str. Cat. I. 725	29 45	5 54	IV . V. (5) (7)
220		32 18	55 5	V. (7.8) (7.8)
221	75 Cygni	33 56	42 32	V. (5.6) (8)
222		36 10	6 25	VI. (6) (7)
223	ε Pegasi $=$ Str. Cat. I. 731	36 17	9 9	VI. (2) (7.8)
224		38 12	15 1	VI. (7) (8)
225		49 26	3 24	VI (6) (7)

Numéros	Noms des étoiles	Æ	Décl.	Description
		pour	1840	
226		$21^h 49' 36''$	$+ 67° 21'$	VI. (7) (8)
227		49 48	11 11	VI. (7) (8)
228		53 51	4 1	V. (7) (7.8)
229	P. XXI. 401	58 59	59 6	VI. (7) (8)
230		22 7 19	39 42	V. (7) (8)
231		14 42	9 8	VI. (7.8) (8)
232		15 22	3 0	VI. (7.8) (7.8)
233	33 Pegasi $=$ Str. 2900	15 55	20 3	I. (6) (10) et V. (8)
234		20 26	48 54	IV . V (7.8) (8)
235	δ Cephei $=$ Str. Cat. I. 755	23 13	57 37	IV . V. (4) (7)
236		31 59	72 2	V. (7) (7.8)
237		44 33	40 27	VI. (7) (8) et IV (10)
238		47 0	67 9	VI. (7) (7.8)
239		48 15	35 30	V. (6) (8)
240	16 Lacertae $=$ Str. 2960	49 3	40 44	IV. (6) (10) et VI. (8)
241		50 37	11 11	VI. (7) (7)
242		59 11	46 4	VI. (7) (7.8)
243		23 2 22	35 59	VI. (7.8) (7.8)
244	P. XXIII. 51	12 7	47 29	VI. (6) (8)
245		18 4	26 50	V. (7.8) (8)
246		19 59	22 43	VI. (7.8) (8)
247	P. XXIII. 100. 101	22 38	57 40	I. (7) (8.9) et VI. (5)
248		38 12	49 47	V. (7) (8) et IV. (10.11)
249	Str. 3041	39 39	16 12	I.II (7.8) (7.8) et VI. (7.8)
250		40 55	63 59	I. (6.7) (7.8) et V. (8)

Numéros	Noms des étoiles	Æ	Décl.	Description
		pour	1840	
251	P. XXIII. 223	23^h 45′ 32″	+ 50° 39′	IV.V. (7) (8)
252		46 51	28 34	VI. (6.7) (8)
253		52 51	68 40	VI. (7) (7.8)
254		53 10	59 28	V. (6) (8)
255		57 11	15 27	VI. (7.8) (8)
256		59 53	30 29	VI. (7) (7)